AF149184

Inhalt

ITER - Kernfusion verspricht ewige Energie

ITER - Kernfusion verspricht ewige Energie

Autor GENIOS BranchenWissen: A.Schneider

Kernthesen

- Die Kernfusion verspricht unerschöpfliche Energie und soll einst die heutigen Energieträger Erdöl, Erdgas, Kohle und Atomenergie ersetzen.
- Zur Erforschung wird ITER, ein Internationaler Thermonuklearer Experimental Reaktor, in Cadarache (Südfrankreich) gebaut.
- Der erste kommerzielle Strom aus der Kernfusion ist jedoch erst etwa 2050 zu erwarten.

Beitrag

An der absolut heißesten Mega-Fusion aller Zeiten arbeitet bald ein internationales Forscherteam in Cadarache. Dort sollen Deuterium und Tritium zu Helium fusionieren und "SynEnergie" in unerschöpflichem Maße freisetzen.

Kernfusion verspricht ewige Energie

Deuterium und Tritium verbünden sich zu Helium. Tokamak steht gegen Stellarator. Cadarache siegt über Rokkasho. Was sich nach einer weiteren Episode von "Krieg der Sterne anhört", ist tatsächlich der Wortschatz, wenn es um die Kernfusion geht. Ziel ist es, für den Fortbestand der Zivilisation zu sorgen und den Menschen eine schier unerschöpfliche Energiequelle zur Verfügung zu stellen.

Denn: Die heutigen herkömmlichen Energien auf Basis der fossilen Brennstoffe Kohle, Erdöl und Erdgas erschöpfen sich irgendwann. Die regenerativen Energien stehen nicht überall in unbegrenztem Maße zur Verfügung. Solarenergie lohnt sich nur dort, wo die Sonne kräftig scheint, Wasserkraft setzt voraus, dass es reichlich Wasser gibt und dass das Land nicht allzu flach ist, Windräder drehen sich nur dann, wenn der Wind auch kräftig bläst, Wellenkraftwerke sind nur in Meeresnähe sinnvoll. Und die atomare Kernspaltung ist als gefährlich und unsauber verpönt.

ITER entfacht Sonnenfeuer

Die Lösung liegt in der Energiegewinnung durch Kernfusion. Dabei werden die Wasserstoffatomkerne Deuterium und Tritium zum Edelgas Helium verschmolzen. Daraus wird - banal zusammengefasst Energie gewonnen. Dies geschieht auf ähnliche Weise wie bei der Sonne. Daher spricht man im Zusammenhang mit der Kernfusion auch von "Sonnen-Feuer".

Diese Verschmelzung setzt Bedingungen voraus, wie sie im Inneren der Sonne herrschen: enorme Temperaturen und sehr hoher Druck. Diese Bedingungen werden bei ITER in einer haushohen reifenförmigen Brennkammer ("Tokamak") nachgemacht. Das Gemisch aus Deuterium und Tritium (Plasma) ist der Brennstoff. Er wird durch sehr starke Magneten in der Kammer schwebend gehalten und durch Strom, Mikrowellen und schnelle Teilchen in der Brennkammer auf 100 Millionen Grad aufgeheizt. Dabei erhalten die Kerne soviel Energie, dass sie die gegenseitige elektrische Abstoßung überwinden und zu Helium verschmelzen. Damit brennt das Fusionsfeuer. Neben den Heliumkernen entstehen Neutronen, die mit hoher Energie wegfliegen. Diese erhitzen ein Kühlmittel, das Turbinen zur Stromerzeugung antreiben könnte.

Das Kunststück besteht darin, die Fusionstemperatur von 100 Millionen Grad länger als wenige Sekunden stabil zu halten und dabei nicht allein zum Aufheizen mehr Energie zu verbrauchen, als letztendlich bei dem Ganzen an Energieausbeute herauskommt.
Rein rechnerisch liefert ein Gramm des Brennstoffs die gleiche Menge Energie wie elf Tonnen Kohle. Mit dem Inhalt von drei Flaschen Mineralwasser (für Deuterium) und zwei Feldsteinen (für Tritium) könne eine vierköpfige Familie ein Jahr lang mit Energie versorgt werden, schwärmen die Experten am Institut für Plasmaphysik (IPP). (1), (2), (3)

Der Weg ist lang und teuer

ITER bedeutet auf lateinisch "Weg". Und in der Tat: Es ist noch ein langer Weg, bis wir unsere Sonne auf Erden haben.
Beschritten wurde er 1985, als Gorbatschow und Reagan sich auf dem Gipfel in Genf näher kamen und

an einer Forschungskooperation zum Bau eines internationalen Kernfusionsreaktors Gefallen fanden. Seither ging es auf und ab, wurde mal mehr, mal weniger geforscht, waren mal mehr, mal weniger Länder beteiligt, stand mal mehr, mal weniger Geld zu Verfügung, sollte der Reaktor mal hier, mal da gebaut werden. (4)

Doch seit dem 28. Juni 2005 ists entschieden: ITER wird gebaut. Und zwar in Cadarache, Südfrankreich, nahe Marseille. Japan ist mit seinem Verzicht auf den Standort Rokkasho der diplomatische Sieger des 2-jährigen Standortstreits und wird von diversen Sonderkonditionen profitieren. (5)

Die Investitions- und Baukosten für ITER belaufen sich auf 4,6 Milliarden Euro, die Betriebskosten werden auf 265 Millionen Euro pro Jahr geschätzt. Das macht bei einer Laufzeit von 20 Jahren dann rund 5 Milliarden Euro, die die Steuerzahler der Partnerländer zu finanzieren haben.

I

steht für International. Sechs Partner sind an dem Projekt ITER beteiligt: EU, Japan, USA, Russland, China und Südkorea.

T

steht für Thermonuklear. Bei der Kernfusion werden Atomkerne geschmolzen, also fusioniert, und nicht gespalten wie bei der bekannteren Kernspaltung. Und diese Fusion geschieht bei extrem hohen Temperaturen; sie sind sieben Mal heißer als das Innere der Sonne.

E

steht für Experimental: ITER wird noch uns noch keinen kommerziellen Strom liefern. Sondern in ITER soll die kontrollierte Kernfusion weiter erforscht und die technische Machbarkeit nachgewiesen werden. Das Ganze hat noch fast ein halbes Jahrhundert lang Experimentiercharakter.

R

steht für Reaktor. Mit dem Bau des ersten Reaktors wird voraussichtlich 2006 angefangen. Die Bauzeit beträgt 10 Jahre. Damit kann dann 2016 die Forschung in Cadarache beginnen. Wenn alles so läuft, wie es die Experten sich heute vorstellen, wird 2030 ein Demonstrationsreaktor ("DEMO") und wiederum später ein Prototyp ("PROTO") gebaut, bis schließlich 2050 der erste kommerzielle Reaktor ans Netz gehen und Strom liefern kann.Wie gesagt, ein langer Weg liegt vor uns!

Die Sonne bringt Licht und Schatten

Die Kernfusion stellt viele positive Folgen und Eigenschaften in Aussicht:

Die Energieprobleme der Menschheit wären gelöst. Die eingesetzten Brennstoffe sind unbegrenzt verfügbar. Die Gefahr eines atomaren Super-GAUs (Tschernobyl ist nicht vergessen!) gibt es nicht: Sollte wirklich eine Explosion eintreten, würde die Fusionsreaktion im Inneren des Reaktors sofort erlöschen. Die radioaktive Strahlung und somit Belastung ist sehr gering. Der Strahlenmüll strahlt viel weniger und zerfällt viel schneller (d.h. kürzere Halbwertszeit) als bei der Kernspaltung. Die Diskussionen um die Endlagerung von Atommüll können somit fast ad acta gelegt werden. Es entstehen jede Menge neuer Arbeitsplätze - beim Bau der Anlage, bei der Forschung, beim Betrieb, bei

Zulieferern, im Straßenbau, im Wohnungsbau, im Einzelhandel von Cadarache.

Doch wie immer: Wo Licht ist, ist auch Schatten.

Die Entwicklung ist technisch sehr komplex, dementsprechend hoch sind Aufwand und Kosten. Die Wirtschaftlichkeit der Anlage steht noch in den Sternen. Die Kernfusion ist im Experimentierstadium. Bis sie wirtschaftlich zur Energiegewinnung genutzt werden kann, sind noch einige technische Probleme zu lösen. Eine Herausforderung liegt darin, die Fusionstemperatur von 100 Millionen Grad im Inneren des Reaktors konstant zu halten. [(6)] Auch die Materialfrage ist noch ungelöst: Für die Reaktorwand wird nach einem Stahl gesucht, der der enormen Hitzebelastung standhält und selbst möglichst wenig radioaktive Strahlung aufnimmt. Es entsteht also durchaus Strahlenmüll. Er wird allerdings mit 100 bis 200 Jahren sehr viel weniger lang strahlen als der bisherige Atommüll, bei dem die Strahlung Zigtausende von Jahren anhält. Der auserkorene Bauplatz im südfranzösischen Cadarache liegt selbst sozusagen in einem "Fusionsgebiet": Dort nämlich "fusionieren" die afrikanische und die arabisch-türkische Erdplatte. Sollte diese "Fusion" gelingen, müsste die proklamierte erdbebensichere Bauweise des Reaktors unter Beweis gestellt werden. Damit ist Greenpeace ein Gegner des Projekts, obwohl aufgrund des fehlenden CO2-Ausstoßes keine unmittelbaren negativen Klimafolgen entstehen. (7)

Was bringt ITER für Deutschland?

Aus der Atomenergie ist Deutschland im Grunde ausgestiegen. Die Reaktoren werden nach und nach stillgelegt. Das Know-how schwindet. Die Forschung an der Kernspaltung wird nicht mehr durch staatliche Mittel gefördert. Die Kernfusion hingegen wird noch unterstützt. 115 Millionen Euro können pro Jahr in die Fusionsforschung investiert werden. (8) Geforscht wird in Deutschland vor allem im Max-Planck-Institut für Plasmaphysik (IPP) in Garching und seiner Außenstelle in Greifswald. Dort forschen Experten auch an einem "Konkurrenten" für ITER. Ein Nachteil des bisherigen ITER-Konzepts besteht nämlich darin, dass er sozusagen "pulsiert", d.h. immer wieder hoch- und runterfahren muss, um Strom zu produzieren. Das "Wettbewerbskonzept" heißt **"Stellarator"** und ist für den Dauerbetrieb geeignet. In Greifswald bauen die IPP-Forscher den weltgrößten Stellarator: "Wendelstein7-X". Er ist mit 367 Millionen Euro das teuerste Fusionsprojekt in

Deutschland. Die "Stellarator-Fraktion" hofft, dass die Ergebnisse in den nächsten Jahren so überzeugend sein werden, dass der Demonstrationsreaktor DEMO dann nach dem Modell Wendelstein gebaut wird. (9)

Aufgrund der EU-Zugehörigkeit hofft Deutschland auf Aufträge für die Industrie. Nur Hamburg sieht die Entscheidung für Südfrankreich mit einem weinenden Auge. Das Deutsche Elektronen Synchrotron (DESY) in Hamburg würde gerne das zweite Forschungsgerät bauen. Dabei handelt es sich um den 33 Kilometer langen Linearbeschleuniger ILC. Es steht jedoch zu vermuten, dass bei dieser Entscheidung 2007 dann Japan zum Zug kommt. (10)

Als Teil der EU bezahlen natürlich auch wir einen Teil des ITER-Fusionsprojekts. Insgesamt soll der Bau des Reaktors zunächst 4,6 Milliarden Euro kosten. Davon trägt Frankreich als Standortland 10 Prozent und die EU 40 Prozent. Die andere Hälfte kommt aus Japan, USA, Russland, China und Südkorea.

Und wenn unterwegs die Gelder nicht wieder ausgehen, dürfen die mehr als 200 Wissenschaftler aus allen Teilen der Welt in der Mittagspause ihren Pastis in der warmen Sonne der Provence genießen anstelle in Japans kaltem Rokkasho Sushi zu essen.

Fallbeispiele

ITER

Weiterführende Informationen zu ITER bietet die offizielle Homepage des ITER-Projekts: http://www.iter.org/ (11)

Kernspaltung versus Kernfusion

- Während der Kernspaltung eine ausgereifte Technik zugrunde liegt, ist die Kernfusion bisher noch im Experimentstadium.
- Die Wirtschaftlichkeit der Kernspaltung ist bekannt, bei der Kernfusion steht sie in den Sternen.
- Bei einem Reaktorunfall kommt es bei der Kernspaltung zu einer atomaren Katastrophe mit extremer radioaktiver Verseuchung, bei der Kernfusion hingegen nicht.
- Das Problem der Endlagerung des strahlenden Atomabfalls gibt es ebenfalls nur bei der Kernspaltung.

- Umweltschonender ist die Kernfusion insofern als dass keine schädlichen Treibhausgase entstehen.

Zahlen & Fakten

Technische Daten:

Entnommen aus: http://de.wikipedia.org/wiki/ITER (12)

- Gesamtradius: 10,7 Meter

- Höhe (über alles): 30 Meter

- Plasmaradius: 6,2 Meter

- Plasmavolumen: 837 Kubikmeter

- Magnetfeld: 5,3 Tesla

- Maximaler Plasmastrom: 15 Megaampere

- Heizleistung und Strombetrieb: 73 Megawatt

- Fusionsleistung: 500 Megawatt

- Energieverstärkung: 10x

- Mittlere Temperatur: 100 Millionen Grad Celsius

- Brenndauer: > 400 Sekunden

Weiterführende Literatur

(1) O.V., Wie der Fusionsreaktor funktioniert, NZZ am Sonntag, 03.07.2005, Nr. 27, S. 25
aus Frankfurter Allgemeine Zeitung, 21.06.2005, Nr. 141, S. 16

(2) Energie aus der Sonne
aus Frankfurter Allgemeine Zeitung, 29.06.2005, Nr. 148, S. 38

(3) Sonnenofen in der Provence
aus Der Spiegel, 14.05.2005, Nr. 20, Seite 165

(4) Hirstein, Andreas, Frankreich gewinnt Poker um Kernfusion. Ein Fusionsreaktor könnte die Energieprobleme der Menschheit lösen. Einige Länder hatten sich um das prestigeträchtige Forschungsprojekt beworben. Wie Frankreich die zähen Verhandlungen gewonnen hat, NZZ am Sonntag, 03.07.2005, Nr. 27, S. 25
aus Der Spiegel, 14.05.2005, Nr. 20, Seite 165

(5) Frankreich wird Standort des Fusionsreaktors Iter
Dem unterlegenen Bewerber Japan werden
Sonderkonditionen eingeräumt
aus Neue Zürcher Zeitung, 29.06.2005, Nr. 149, S. 1

(6) Sauber ist nicht rein
aus taz, 29.06.2005, S. 2

(7) Ein Reaktor erfreut Chirac - Der internationale
Kernfusionsreaktor "Iter" wird im französischen
Cadarache gebaut
aus Badische Zeitung vom 29.06.2005, Seite 000

(8) Kernenergie-Forscher plagen Nachwuchssorgen
aus Frankfurter Allgemeine Zeitung, 29.06.2005, Nr.
148, S. 12

(9) Der Mensch baut sich eine Sonne KERNFUSION
Mit dieser Technologie ließe sich der Energiehunger
der Menschheit ein für allemal stillen. Doch die
Hindernisse auf dem Weg zu einem Reaktor sind
immens.
aus Hamburger Abendblatt, 29.06.2005, Nr. 149, S. 3

(10) Die Welt baut ersten Kernfusionsreaktor
SONNEN-FEUER Milliardenprojekt in Südfrankreich
soll Energie der Zukunft erschließen. Sie könnte einst
Erdöl und Erdgas ersetzen.
aus Hamburger Abendblatt, 29.06.2005, Nr. 149, S. 1

(11) http://www.iter.org/
aus Hamburger Abendblatt, 29.06.2005, Nr. 149, S. 1

(12) http://de.wikipedia.org/wiki/ITER
aus Hamburger Abendblatt, 29.06.2005, Nr. 149, S. 1

Impressum

ITER - Kernfusion verspricht ewige Energie

Bibliografische Information der deutschen Nationalbibliothek

Die Deutsche Nationalbibliothek verzeichnet diese Publikation in der deutschen Nationalbibliografie; detaillierte bibliografische Daten sind im Internet über http://dnb.d-nb.de abrufbar.

ISBN: 978-3-7379-2317-0

© 2015 GBI-Genios Deutsche Wirtschaftsdatenbank GmbH, Freischützstraße 96, 81927 München, www.genios.de

oder ähnliche Einrichtungen und die Einspeicherung und Verarbeitung in elektronischen Systemen.